Spitzweg, Reime und Bilder

Karl Spitzweg

(Editor: Hermann Uhde-Bernays)

Alpha Editions

This edition published in 2022

ISBN : 9789356789883

Design and Setting By
Alpha Editions
www.alphaedis.com
Email - info@alphaedis.com

Carl Spitzweg

Mit dem Aufruf des Namens »Carl Spitzweg« tritt die menschlich empfindsamste, künstlerisch bedeutendste Erscheinung aus der nicht allzu großen Schar deutscher Maler vor uns, die als Nachzügler der mondumglänzten Romantiker schon den schlichten Vortrab des Realismus gebildet haben. Erst in einer Entfernung von den Zeiten vor der Einigung Deutschlands, die abschließende Übersicht gestattete, ist es möglich geworden, den Wert dieser besonders in Süddeutschland für die Entwicklung einer immer freieren und lebendigeren künstlerischen Darstellung wichtigen Genossen gebührend einzuschätzen und das Verdienst der einzelnen zu sondern. Mit überraschender Deutlichkeit heben sich aus diesem Kreise die Persönlichkeit und das Werk Carl Spitzwegs heraus, die Natürlichkeit, die Anmut, und die malerische Kraft des bescheidenen Meisters verleihen den Absichten seiner Kunst erst jetzt die gebührende allgemeine Anerkennung. Wohl ist Spitzweg Münchner, und zwar ein typischer Vertreter der Münchener Kunst im 19. Jahrhundert, aber seine Schöpfungen, völlig frei von lokalen Anspielungen und Traditionen, haben als die ansprechendsten Erinnerungen der Biedermaierzeit in ganz Deutschland Freunde gefunden.

Ein Menschenalter ist vergangen, seitdem Carl Spitzweg zu Grabe getragen wurde. Das Geheimnis seiner Kunst schied mit ihm, der keine Schüler und Nachfolger besaß. Aus dem Werk Carl Spitzwegs tritt uns schon aus diesem Grunde die Ursprünglichkeit einer ungewöhnlich hohen künstlerischen Begabung anregend und überzeugend vor Augen, und der Humor seiner Schilderung, den wir an den zahllosen Zeugnissen seiner künstlerischen Laune verfolgen, wie sie uns in seinen Bildern und Zeichnungen erhalten sind, überträgt sich ganz von selbst auf den Beschauer. So ergibt sich der Wunsch nach einem kurzen Bericht über das Leben dieses freundlichen Junggesellen, der uns immer wie ein gütiger Onkel erscheint, dessen Launen und Grillen wir uns gerne anschmiegen, weil seine Geschichten uns unbezwinglich festhalten, als eine unmittelbare Folgerung der verschiedenartigen Eindrücke, die wir von Spitzwegs Kunst empfangen.

Spitzweg ist einer der wenigen hervorragenden Münchner Künstler, die schon von Geburt Münchner waren. Sein Vater ist ein wohlhabender und angesehener Bürger gewesen, auch politisch trat er hervor, und im Landtage hat er das Denkmal des Königs Max Joseph vor dem Hoftheater angeregt. Von der Kunst wollte er sonst freilich nicht viel wissen. Er war bestrebt, den Sohn, folgsam wie dieser war, zu einem guten und bürgerlich angesehenen Berufe zu erziehen. Man schickte ihn in die Lateinschule, und dann vertauschte er den Cicero mit dem Mörser des Apothekers. Die Hofapotheke hat die Ehre, »Subjekt« und Provisor Spitzweg zum behäbigen Apotheker ausgebildet zu haben. Wir können uns den kurzsichtigen Meister gut vorstellen, wie er mit Fläschlein und Pillenschachtel hantierte, und ein kleiner Rest seines ursprünglichen Berufes steckt deutlich erkennbar in der Bedachtsamkeit und Genauigkeit des Künstlers, der an den »nachdrücklichen« Apotheker in Goethes Hermann und Dorothea gemahnt. Als Spitzweg die Rothenburger Marienapotheke malte mit dem ängstlich wartenden Mütterlein und dem wichtigtuerischen Provisor, der im Stoßen innehält, um der sittsam vorbeispazierenden Jungfer Nachbarin feurige Blicke nachzusenden – da wird er sicher vergnüglich an die eigene Lehrzeit zurückgedacht haben, in der er übrigens eine reichlich zugemessene Urlaubszeit klug nutzte, um nach Tirol und Italien hineinzusehen. Da starb der Vater. Fast dreißigjährig, grüßte Carl Spitzweg die Freiheit. Über den neuen Beruf besserte sich die Meinung bei den Münchenern. Die Gunst König Ludwig I. leuchtete den Künstlern, und so fühlte sich auch der Bürger der Stadt bemüßigt, um nicht nach obenhin Ärgernis zu geben, eine freundlichere Miene zu ziehen. Aus dem absprechenden »Malervolk« wurde Wohlgeboren der Herr Kunstmaler. Spitzweg konnte als Erbe eines stattlichen Vermögens die Nachteile des Künstlerberufes vermeiden, aber die Akademie besuchen wollte er dennoch nicht. Seit Jahren hatte er Büchelchen mit Skizzen gesammelt, den eigenen Augen folgend, festgehalten, was seine Laune anregte, zahnwehkranke Dienstboten und ausgediente, brummige Feldzugssoldaten draußen in Bruck, den verulkten Flurhüter im englischen Garten und die preziösen alten Jungfern auf der Promenade, übergewissenhafte Briefträger und grillenhafte Stadtoriginale – ein Material stand ihm zur Verfügung, wie es zu gleicher Zeit der norddeutsche Autodidakt Menzel nicht fleißiger zusammengebracht hat. Zu den Figuren fand sich alsbald die Bühne, auf der sie stimmungs- und beifallssicher wandelten. Spitzweg zog aus mit Schleich, dem prächtigen Landschafter, um die Sonne im Dachauer Moor scheiden zu sehen, er wanderte ins Isartal zu Füßen unserer Voralpen, an manchem unersteiglichen Felsblock, den allein der romantische Efeu zu erklettern vermag, sah er hinauf, und dann versuchte er heimlich die Waldnymphe im grünen Bergsee zu belauschen. Er stieg empor zu der Sennerin auf der Alm, lagerte im hellen Grün und blinzelte erwartungsvoll die Windungen des Pfades hinab, ob nicht am Gatterl drunten sich etwas ereignen werde, ob nicht der Forstler oder der Bader daherkäme, und sein Herz frohlockte, als er einmal gar den juhschreienden heimkehrenden »Leiber« anrücken sah. War's noch zu kalt, um bergwärts sich zu rüsten, bummelte er gemächlich in den engen Gassen der Münchener Altstadt, und als es ihn antrieb, die Höfe und Tore, die seltsamen Giebel und die blumenumstellten Erker der alten Reichsstädte kennen zu lernen, fuhr er auf der Thurn und Taxisschen Post weit über Land und zeichnete in Nördlingen und Dinkelsbühl, vor allem in der Stadt, deren dichterisch-verklärtes Märchendasein seine Muse so verwandtschaftlich nahe ansprach, in Rothenburg ob der Tauber.

Dieser kecke Wandersinn des Malers stellt ihn in Beziehung zu einer ganzen Gruppe Münchner Künstler, neben denen er sich ganz selbständig hält. Während der ersten Hälfte des 19. Jahrhunderts bildete das künstlerische Leben Münchens zwei scharfe Gegensätze. Es schritt teils einher auf dem hohen Kothurn akademisch-selbstgefälliger klassizistischer Tradition, teils war es ein romantisches Nachzüglertum voller Humor und Laune, eine lustige Schar, die mit offenen Augen durch die Gassen und über die Landstraßen lief, dort Cornelius, Kaulbach, Heß, hier die Kaiser und Morgenstern, die Bürkel und Schleich, im Fähnlein dieser Aufrechten der stattlichste Bannerträger, Carl Spitzweg. Was ihn über die Genossen erhebt, ist die nach Stoff, Gehalt und malerischer Technik frei und frisch sich aussprechende Eigenart seiner Kunst. Denn er wertete in seiner Phantasie, deren Lebendigkeit ihm die merkwürdigsten Kunststücke gelingen ließ, wie etwa die wegen ihrer Naturwahrheit angestaunten Bilder aus dem Orient, die er nach der eifrigen Durchnahme eines gewichtigen ethnographischen Werkes über Ägypten schuf, frei im Kopf Geschautes und Gelesenes um und kopierte gleichsam nach einem Bilde, das er schon fertig in sich trug. Das Anekdotenhafte des Genre, die köstliche Pointe kam dann erst in zweiter Linie und fiel weg, wenn sie sich hätte erzwingen lassen müssen und nicht ganz von selber gab. Das malerisch Natürliche der Ausführung ist vielleicht das Anziehendste der Spitzwegschen Kunst. Für die Harmonie der Farben, für die kleinste Nuance wie für den absichtlichen Kontrast mit der gleichen sensitiven Feinheit des Empfindens begabt, entzückt und erstaunt sie durch die Einfachheit des Eindrucks, die rein äußerlich durch das kleine Format der Bilder verstärkt wird.

Spitzweg nahm es sehr gewissenhaft bei der Arbeit. Wenn das Werk seiner Kritik nicht Stand hielt, wanderte es in den Ofen, und so ging es fort, bis endlich, oft erst nach einem Dutzend von Versuchen, die gerunzelte Stirn sich in zufriedenen Falten glättete. Das wichtigste Instrument des Ateliers war das zerstörende Federmesser. Trotzdem hat der Meister, dem ein unermüdlicher Fleiß bis zum letzten Stündlein eigen war, Hunderte von Bildern hinterlassen. Man hat sich bemüßigt gefühlt, mehrere Perioden in der Kunst Spitzwegs zu unterscheiden. Doch ist nur ein einziger wirklich wichtiger Wendepunkt deutlich wahrzunehmen. Dem Münchner Freundeskreise, dem Dyck und Flüggen Anregungen gaben, welchen Spitzwegs frühe Bilder sich nicht entziehen konnten, mit dem Freunde Schleich 1851 zu einer längeren Studienreise nach Frankreich und England entwichen, hat Spitzweg in London von den theoretischen Erklärungen Burnetts gelernt, in Paris Decamps und Diaz, vor allem Eugen Delacroix technische Ausdrucksmittel abgesehen, die er, heimgekehrt, maßvoll prüfte. Ähnliche Anregungen gaben ihm die holländischen Meister, die er in Pommersfelden und München liebevoll kopierte. Als glückliche Folge dieses doppelten Verkehrs zeigt sich bei Spitzwegs späteren Werken in der Farbe eine gesteigerte Klärung der hellen Töne, die seine Technik bis an die Grenze impressionistischer Farbenentwicklung gelangen lassen, in der Zeichnung eine sichere Ausnutzung architektonischer Wirkungen im Raum. Ein volles Menschenalter ist Spitzweg sich so treu geblieben. Während er äußerlich die liebenswürdigen Seiten des verbitterten Junggesellen zur Schau trug, blieb der Künstler auf der schaffensfreudigen Höhe stehen – einer Höhe, deren überragende Position er skeptisch und weltverachtend nicht einsehen wollte.

Mit dem Namen »Spitzweg« verbindet sich nunmehr eine feste Vorstellung, die die Nachwelt stärker und sehnsuchtsvoller empfindet. An seinen Bildern allen haftet der feine Duft, den wir einstmals als Kinder einsogen, als Großmutter ihren Schrank öffnete, um ihr Brautkleid mit den guten Spitzen zu zeigen. Es ist der milde Hauch der guten alten, der glücklichen goldnen Zeit. Der Maler mit dem weichen Herzen, den die Nachbarschaft als höchsten Schiedsrichter in allen menschlich-häuslichen Dingen verehrte, der stille Erzähler und Dichter hat manchmal auch zur Feder gegriffen, um den launigen Einfällen des Pinsels andere Genossen zu geben, sarkastischer und tiefer Art. Allgemein suchte man sein Wesen, das zwischen liebenswürdiger Schelmerei und geistreichem Recken, holder Beschaulichkeit und junggesellenhaftem Gram schwankte, neben Jean Paul zu stellen. Uns steht Altmeister Spitzweg neben einem Anderen, Größeren, dessen Ruhm ebenfalls stündlich wächst, neben Gottfried Keller. In Spiegel dem Kätzchen ist gedruckt: »Sogleich kleidete der Herr Pineiß in sein abgeschabtes gelbes Sammetwämschen, das er nur bei feierlichen Gelegenheiten trug, setzte die bessere Pudelmütze auf und umgürtete sich mit seinem Degen; in die Hand nahm er einen alten grünen Handschuh, ein Balsamfläschchen, worin einst Balsam gewesen und das noch ein bischen roch, und eine papierne Nelke, worauf er vor das Tor ging, um zu Freien.« Kann man sich eine köstlichere Beschreibung Spitzwegscher Figuren denken? In diesen Worten stehen sie leibhaftig vor uns. Und wie wir Meister Gottfried den schlichten Eichenkranz geben, um ihm die Jubellast des Lorbeers zu ersparen, so wollen wir Carl Spitzweg feiern, den ewig jugendlichen Meister unserer deutschen Kunst. Wenn wir abends den Staub gewischt haben von der ältesten Lampe unseres Hausrates, und sie dann schwachen, wohltuenden Schein wirft über den eichenen Tisch, dann nehmen wir die Blätter zur Hand, auf denen der stimmungsvolle Apostel häuslichen Behagens, der köstliche Erzähler harmlos heiterer Geschichten, der gründlichste Beobachter der guten alten Zeit und des gemütlichen Daseins von ehemals so herzensinnig zu uns spricht: »Liebe das Leben mit seinen Torheiten.« Denn so heißen die goldenen Worte über der Türe zum Herzen der Spitzwegschen Kunst.

Hermann Uhde-Bernays.

* * *

Reime

Malergespräch

Ich:

»O Himmel, ist die Kunst doch schwer!»
Die Göttin spröd, die dralle!«

Schwind:

»Ja, Lieber, wenn so leicht es wär',»
Die Luder malten *alle*!«

★

Maler-Schnadahüpfel

1. Z'erst tuat ma's patiern,
Drauf kimmt dö Lasur
Und durch dös Lasiern
Werd's grad wia d' Natur!...
Hu-i-di-e, Hu-i-di-e!

2. Z'letzt nimmst no a Farb her,
Die d' Aug'n recht daschreckt,
Die streichst nocha dick hi ...
Dös hoaßt ma 'n Effekt!...
Hu-i-di-e, Hu-i-di-e!

3. Nur Farb drauf in Häuf'n
Als wann g'mauert wer'n müaßt,
Daß d' Nachwelt kann greif'n,
Wann d' Farb eppa schiaßt!...
Hu-i-di-e, Hi-i-di-e!

4. A Leinwand hon i aufg'spannt
So glatt und so fein –
Ja, komponieren kunnt i schon, woaßt,
Aber 's fallt ma nix ein!...
Hu-i-di-e, Hu-i-di-e!

5. Jetz glaub i in koan Fall,
Daß i net weit mehr fehl –

Morg'n steht mir dö dick' Köchin
Als Psyche Modell! ……
Hu-i-di-e, Hu-i-di-e!

6. Na, jetz bin i im Zweifel:
Schaugt d' Psyche so aus?
Z'letzt, hol mi der Teufel,
I mach a Sennerin draus!…
Hu-i-di-e, Hu-i-di-e, Hu-i-di-e!

7. Ja, es is ja wahr a,
In Kritisieren, do sans fix –
Aber selba was macha?
Na – macha könnas nix!…
Hu-i-di-e, Hu-i-di-e!

8. Beim Mal'n wia beim Dicht'n
Isch allweil oan G'schicht:
Es soll si halt raime …
So is a Gedicht!
Hu-i-di-e, Hu-i-di-e!

★

Ich als Maler

Bleiben alle unser Lebtag wir Studenten:
Ich bin Doktor – meine Bilder Patienten!
Daß auch viele mir schon in der Kur gestorben,
Hat die Lust mir am Kurieren nie verdorben;
Aber leider sehen meine Patienten
Nicht als *Doktor* an mich, sondern als *Studenten.*

★

Tizians Himmelfahrt Mariens

Hättst du doch, goldner Tizian,
(Und mit dir auch noch andre)
Gemalt nicht, wie so himmelan
Maria leiblich wandre;
Hättst du dies Frauenkonterfei
So himmlisch nicht beschrieben:

Ein Dogma wär' – ich bleib dabei –
Vielleicht erspart uns blieben.

★

Sprüche

Glücklich macht dich das Wissen,
Selig aber dein Gewissen!

★

Ein jeder Mensch ist Patient
Und eigens zu behandeln,
Doch schmecken die Rezept' am End
'Fast all nach bittern Mandeln!

★

Hast du Humor, so laß ihn auch sprudeln,
Nie aber soll er dudeln und sudeln! –

★

Und komme auch,
Was es da sei:'s ist Künstlerbrauch:
Der Kunst bleib treu!

★

Dein Gedicht zum Revidieren
Traue keinem Dichter an!
Wie bei Malern könnt's passieren,
Daß der Meister malt daran!

★

Im Schaffen nur sind' Freud' und Glück,
Laß keine Müh' dich reuen!
Und was du schufst, blickst einst zurück,
Soll andere stets erfreuen!

★

Das Schönste, was der Dichter singt
'Unmöglich ist's zu malen!
Das Schönste, was der Maler bringt,
Mit Worten nicht zu lallen!

★

Gib allerortenImmer hin
Mit *kurzen* WortenL*angen* Sinn.

★

Rezept zu einem guten Schlafe

Beschwere dein Gewissen nicht,
So detto nicht den Magen.
Doch was bei dir Gewissen ist,
Mußt du dir selber sagen.

★

Para pacem si vis bellum!

's ist nur umgedrehte Wortung!
Sattle ab dein Streiterroß,
Bring nur alles hübsch in Ordnung,
Geht gewiß der Teufel los.

★

An Pocci!

Was hebt und engt die Menschenbrust
Zu sagen, ist euch unbenommen!
Doch *er*, er singt voll Herzenslust:»
Die *Kleinen* laßt mir kommen!«

★

Die Ausgrabungen in Olympia

Und wird die Welt auch noch so alt,
Der Mensch, er bleibt ein Kind!
Zerschlägt sein Spielzeug mit Gewalt,
Wie eben Kinder sind!

Wann alles erst in klein zerstückt
Und nichts mehr zu verderben,
So sucht er wieder – neubeglückt –
Und spielt dann mit den Scherben!

★

Jetztzeit!

Billig ist die Klassizität, auch jetzt noch so ziemlich in Ehren,
Unseren Firnis und Glanz kannten die Alten noch nicht!

●

Übrigens wunderbar bleibt, wie doch die Maler, die alten,
Ohne die Photographie brachten es wirklich so weit.

*

Der Architekt baut's Haus!
Die *drinnen* schmücken's aus!

★

Des Genügsamen Trost

Behalt' die Perlen und dein Gold,
Behalt' die Diamanten! –
Was tut's, wenn auch Fortuna schmollt
Durch ganze Folianten!

Es bleibt zuletzt doch etwas noch,
Was muß das Herz erheben
Weit über jedes Unbill hoch, –
Und schöner macht das Leben!!

Ach, wenn ich es nicht sagte dir,
Du würdest's nie erraten!
Freund, morgen gibt es Märzenbier
Und Heringe gebraten!

★

Der Weisheitszahn!

Wart allweil auf den Weisheitszahn,
Die andern fallen aus –
I denk, i zieh mein Pelzrock an
Und geh schön stat nach Haus!

Was hilft denn a dös Warten jetzt
Dös Herstehn da im Schnee;
Da könnt i mi verkält'n z'letzt,
Dös g'scheitest ist – i geh!

Zur Einsicht bin i endli g'langt,
Den krieg i nimmer – i –!
Allweil hat mir vor Weisheit bangt:
An *Zahn* hat's g'habt auf mi!

★

Der Karmelitergeist
(Spiritus melissae compositus cecc. Pharmacop.)

Eingeführt im deutschen Land
Habt geistreich ihr das Liter;
Nicht aber Gnade vor euch fand
Ein Geist … der *Karmeliter*!
Grad *sie*, die lang Zeit lobesam
Den edlen Geist uns setzten an
Für so Gebrest, das jedermann
Im Deutschen Reich befallen kann …
Die müssen fort! … 's ist bitter!

★

Die Orden

Wenn einer einen Orden kriegt,
Bei uns ist's so der Brauch,
Sagt jeder grad zu ihm ins G'sicht:»
Verdient hätt' ich ihn auch!«
Wahrhaft erfreulich ist dies schon,
Es gibt ein treues Bild!
Wie hoch muß stehen die Nation,
Wo *jeder* sich so fühlt!!

★

Berg und Tal

Erst auf den höchsten Zinnen
Die mühsam du erklommst,
Wird's hell in deinen Sinnen,
Dem Himmel näher kommst!

Willst du ein Weilchen selig sein,
Dann leg' dich auf den Bauch
Dort in die nächste Wiese 'nein
Inmitt der Blumen Hauch!

So bist der Gottheit näher,
Das Herz, es schlägt dir froh:
Nur meide nahe Späher,
Die finden so was roh!

★

I möcht a Klausner wer'n …

Oft is mir kommen so in Sinn:
I möcht a Klausner wer'n!
Adje, du schöne Welt, fahr hin,
Will nix mehr von dir hör'n!

Wenn aber i dem Maderl so,
So *recht* in d' Aug'n guck,
Da bin i weg – i woaß net wo –
Dös bringt mi wieda z'ruck!

I bleib a *do*, 's is alles recht!
I mag ka Klausner wer'n!
Mei Klausen do is a net schlecht …
Grad nüber tuat's loschern!

Da schau i halt den ganzen Tag
So in ihr Zimmerl nein –
A oanzig Wörtl! wenn's mi mag:
Z' Micheli ziag i ein!

★

Mein Stübchen!

Nicht kleinste Freude noch auf Erden
Ist mir mein Stübchen spät bei Nacht;
Des Tages Mühsal und Beschwerden
Bei Lesen mich vergessen macht!

»Wohl besser in geselligen Kreisen»
Froh auszutauschen, was erhebt;»
Du wähnst wohl gar dich einen Weisen»
Der selber schon genug gelebt.

»Wer doch bei solch Schartekenhocken»
Einseitig, tot nicht werden müßt'?!»
Kann dich kein Freundeszirkel locken,»
Wo ein lebendig »Du« dich grüßt?«

Verzeih, wenn ich so minder Nutzen,
Belehrung minder finden kann! –
Und wenn dort andere lernen sich »duzen«,
Red' ich mich auch mit »Sie« nicht an!

★

Lebensregel!

Wenn dir's vergönnt je, dann richt' es so ein,
Daß dir ein Spaziergang das Leben soll sein!
Stets schaue und sammle, knapp nippe vom Wein,
Mach' unterwegs auch Bekanntschaften fein,
Des Abends kehr' selig bei dir wieder ein
Und schlaf in den Himmel, den offnen, hinein!

★

Lebens-Alpenfahrt!

Stets wandeln wir dem Abgrund dicht,
Wo Tief und Dunkel schrecken,
Aus dem ein Tod und letzt Gericht
Die Drachenhälse recken!

Wir wandeln, ahnen nicht Gefahr,
So sorglos hin wie Kinder …
Da strauchelst du und gleitest gar
Und gleitest ab geschwinder!

»Jetzt gilt's! Ist keine Latsche da,
An der du dich kannst halten?
Umfassen nicht, dem Sturze nah,
Dich rettende Gestalten? …

Humor, so heißt die Latsche schlicht
Gleich Göttern hochgeboren –
Erhaschst du sie im Gleiten nicht,
Dann, Freund, bist du verloren!

★

Ich mußte gleichwohl sinnen,
Wenn nichts ich auch ersann;
Hab' lange so gesonnen,
Merk' nun, daß ich nichts kann,
Und komm' am Lebensende
Als *Lehrling* wieder an!

★

Hin eilen die Sterne weit
In endlosem Schwung!
Schon morgen um die *Zeit*
Bist nimmer so jung!
Umarme hinieden
Die Gegenwart froh:
Was *heut* dir beschieden,
Nicht *morgen* ist's so!

★

Gedanken, weisheitsvoll,
Wenn ich sie jemals hab':
Sie brachen immer mir
Beim Bleistiftspitzen ab!

*

Mit Schmerzen durftst du auf die Welt;
Du weißt nichts mehr davon –
Mit Schmerzen mußt du aus der Welt:
Du merkst es leider schon!

●

Schenkt dir ein höheres Alter Gott,
Dann bitt' aus tiefster Brust,
Daß manches noch erleben *darfst*,
Doch nicht zu viel erleben *mußt*!

★

Du wappnest dich mit Panzerketten,
Mit Schild und Haube fest aus Stahl:
Der Todespfeil, nichts kann dich retten,
Durchdringt die Fugen überall!

Und du erliegst! – Sei, Freund, doch weise,
Schnell zieh den schweren Panzer aus,
Der dich beschwert nur auf der Reise,
Hemdärmlig wage keck den Strauß!

Ein Held, er beut die Brust dem Schusse,
Der mitten zielt ins Herz hinein,
Und lächelnd wie zum Abschiedsgruße
Geht er in seinen Himmel ein!

★

Epilog

Oft denke ich an den Tod, den herben,
Und wie am End' ich's ausmach'?!
Ganz sanft im Schlafe möcht' ich sterben –
Und tot sein, wenn ich aufwach'!

★

Abb. 1

Clara Lechner

Abb. 2

Der Bibliothekar

Abb. 3

Wo brennt's?

Abb. 4

Der Wachposten

Abb. 5

Keine Rosen ohne Dornen

Abb. 6

Der Witwer

Abb. 7

Der Sterndeuter

Abb. 8

Der Porträtmaler

Abb. 9

Heimkehrender Mönch

Abb. 10

Der Maler

Abb. 11

Heimkehr

Abb. 12

Der Bärenführer

Abb. 13

Die Scharwache

Abb. 14

Der Kaktusfreund

Abb. 15

Ständchen

Abb. 16

Das Gespenst

Abb. 17

Wäscherinnen am Brunnen

Abb. 18

Die Geierjagd

Abb. 19

Der Bettelmusikant

Abb. 20

Drachensteigen

Abb. 21

Der Storch

Abb. 22

»Liebe macht blind«

Abb. 23

Schauspielergesellschaft

Abb. 24

Der Nachtwächter

9 789356 789883

Printed at Repro India Ltd.